SAVARY DE MAULÉON

ou

LA RÉUNION DU POITOU A L'UNITÉ FRANÇAISE (1)

DISCOURS

LU A LA SÉANCE PUBLIQUE ANNUELLE
DE LA SOCIÉTÉ DES ANTIQUAIRES DE L'OUEST, LE 4 JANVIER 1891

Par M. LEDAIN, Président.

MESDAMES,

MESSIEURS,

Plus de six siècles et demi se sont écoulés depuis la réunion de notre province à la monarchie capétienne, c'est-à-dire à l'unité nationale. Les bienfaits de cet heureux événement dont nous jouissons depuis tant de générations ont fait oublier les misères endurées par les Poitevins durant la période de conquête et d'assimilation. Réuni pacifiquement une première fois à la couronne par le mariage de Louis VII et d'Aliénor, le Poitou n'avait pas tardé à en être détaché par ce fatal et impolitique divorce dont les conséquences devaient se faire ressentir jusqu'au xv° siècle

---

(1) Nous n'indiquons pas ici nos sources, afin de ne pas embarrasser le discours. Nous les réservons pour un travail plus étendu sur le même sujet.

et compromettre l'existence même de la France. Il était plus facile de commettre la faute que de la réparer. Néanmoins la royauté se mit résolûment à l'œuvre pour remettre la main sur les provinces de l'ouest si follement abandonnées. Dès l'année 1204, Philippe-Auguste entreprit leur conquête qu'il sembla consacrer par la prise de Poitiers. Mais ses efforts, entremêlés de succès et de revers où il sut déployer avec tant d'habileté, tantôt la force des armes, tantôt celle non moins puissante des négociations, ne furent couronnés d'un plein succès que sous ses successeurs. Il ne fallut pas, en effet, moins de quarante ans pour dompter les résistances. L'annexion du Poitou à la couronne, accomplie en fait en 1224, ne devint solide et définitive que par la victoire de Louis IX à Taillebourg, en 1242.

C'est la biographie d'un des principaux acteurs de ces événements, Savary de Mauléon, dont le nom a laissé dans l'histoire une certaine célébrité, que nous allons raconter en quelques pages. Guerrier remarquable, esprit souple et habile, doué même de goûts littéraires, ce grand seigneur Poitevin, type curieux du chevalier du moyen-âge, mériterait une étude toute particulière. Ardent champion de l'indépendance poitevine ou plutôt de la puissance féodale dont il était un des principaux représentants, ennemi, par conséquent de la royauté capétienne et de sa politique d'annexion, il déploya dans cette lutte une énergie et une finesse incontestables. Non moins que ses qualités personnelles, sa situation de famille et sa grande fortune territoriale devaient singulièrement faciliter le rôle prépondérant qu'il était appelé à jouer.

Savary de Mauléon appartenait à une famille féodale

remontant historiquement au xi⁰ siècle. La petite ville de Mauléon, appelée si mal à propos Châtillon-sur-Sèvre depuis 1736, d'où elle tirait son origine et son nom, possède encore quelques ruines du château de ses vieux seigneurs. La porte par laquelle on y pénètre est, selon toute apparence, contemporaine de notre chevalier. Savary, né vers 1180, était fils de Raoul de Mauléon et d'Alix de Ré. Son père, possesseur de Mauléon, de Talmond et du Talmondois, de l'Oionnais, de Fontenay, de Saint-Michel-en-l'Herm, des Moutiers-les-Mauxfaits, de l'île de Ré, d'Angoulins, de Châtelaillon et même de La Rochelle alors naissante mais que les rois Plantagenets s'empressèrent de lui ôter en lui donnant Benon en échange, était, on le voit, un très puissant seigneur. La mort de son père, Raoul, en 1199 et celle de son oncle, Guillaume, en 1213, mirent Savary de Mauléon en possession de tous les domaines de sa famille, auxquels s'ajoutèrent en outre la baronnie de Pouzauges et les seigneuries de Chantemerle et de Pareds, par suite de son mariage avec la fille de Guillaume de Chantemerle. Il était donc maître de la plus grande partie du bas Poitou et principalement de la côte de l'Océan depuis Châtelaillon et La Rochelle jusque vers l'embouchure de la Vie. Cette situation privilégiée devait faire de Savary un marin et même un pirate. C'est par cette dernière qualification que le désigne un annaliste contemporain, Guillaume le Breton. Il est vrai qu'il n'y avait là rien de bien injurieux, car à cette époque, entre matelots et corsaires, la différence n'était pas grande. Possesseur d'une flotte, de plusieurs ports et forteresses maritimes dans l'île de Ré à l'Aiguillon, a Saint-Michel-en-l'Herm, à Talmond, aux Sables-d'Olonne, au port la Claye dans la rivière du Lay, au port Savari près de

La Rochelle, il dominait sur l'Océan, plus encore que sur le continent.

Au moment où Savary de Mauléon, âgé d'environ 25 ans, fait son entrée sur la scène politique, en 1202, le roi Jean-sans-Terre d'Angleterre, puissamment secondé par sa mère, la vieille reine Aliénor, règne en Poitou et en Aquitaine. La féodalité toute puissante constitue une force redoutable avec laquelle la royauté est obligée de compter. Les maisons de Mauléon, de Lusignan et de Thouars occupent dans ses rangs la première place, et, entourées de leurs nombreux vassaux, parents et alliés, couvrent toute la province d'un réseau de possessions et de châteaux qu'il n'est pas facile d'entamer. Rivales et convoitant les mêmes provinces, la royauté capétienne et celle des Plantagenets cherchaient de part et d'autre à gagner à leur cause ces grands seigneurs turbulents ou à jeter la division parmi eux. Elles recherchaient aussi l'appui du tiers-état, nouvelle force sociale qui venait de surgir. C'est la cause secrète et vraie de la fondation et des progrès des communes jurées de Poitiers, Niort, Saint-Jean-d'Angély, La Rochelle, Saintes et Oleron, comblées de faveurs successives par les rois d'Angleterre et de France. De son côté, la féodalité poitevine, considérant comme également dangereuses pour son indépendance les entreprises de l'une ou l'autre monarchie, adopta une politique de bascule consistant à soutenir presque alternativement l'un des deux rois rivaux, suivant ses intérêts du moment et à perpétuer ainsi une lutte qui ne pouvait que lui être profitable. Aussi les historiens contemporains ne manquent jamais de reprocher amèrement aux Poitevins et en particulier à Savary de Mauléon leur versatilité et leur perfidie. Il faut pourtant reconnaître qu'ils se montrèrent beaucoup moins hostiles aux rois d'Angleterre qu'aux rois de France. Les Plantagenets n'étaient-ils pas, en effet, des enfants du pays, les fils d'Aliénor, les descendants des vieux comtes? Et puis, surtout, leur pouvoir placé loin d'eux en Angleterre ne leur laissait-il pas plus de sécurité et de liberté? Les rois d'Angleterre toléraient tout de leur part pour conserver leur appui. L'action des rois de France au contraire, beaucoup plus rapprochée, se faisait incessamment sentir et paraissait plus redoutable par la menace perpétuelle de l'annexion et de l'abaissement de leur indépendance. Là est l'explication de l'attitude des seigneurs de l'ouest jusqu'en 1242, date de leur défaite définitive. Savary de Mauléon, durant toute sa carrière, donna l'exemple de cette politique. Voyons-le d'ailleurs à l'œuvre.

La première fois qu'il prend les armes, en 1202, c'est contre le roi Jean, son suzerain légitime et incontesté. Il existait alors contre ce prince, parmi les seigneurs poitevins, une grande irritation suscitée par Hugues de Lusignan que Jean avait mortellement offensé en lui ravissant sa fiancée, la célèbre Isabelle d'Angoulême. Philippe-Auguste, qui guettait l'occasion de la revanche, accueillit avec faveur les ouvertures des mécontents, et, sans intervenir directement, leur envoya comme comte de Poitou le jeune Arthur de Bretagne, neveu du roi Jean, son ennemi et son compétiteur. Plus de deux cents chevaliers, entraînés par les Lusignan, allèrent au devant du jeune prince et de sa petite armée.

Savary de Mauléon et son oncle Guillaume suivirent le mouvement. Ils n'auraient pas été fâchés évidemment de se donner un souverain docile et de le soustraire le plus possible à l'influence des deux puissants rivaux. On entra donc plein d'espérance en campagne et on marcha au devant d'Arthur du côté de la Touraine. Le plan était de s'emparer de la personne de la reine Aliénor, qui par son influence serait devenue entre leurs mains un instrument d'une véritable force. Celle-ci, fuyant de Fontevrault vers Poitiers, fut atteinte et assiégée dans Mirebeau par l'armée d'Arthur. Le 31 juillet 1202, serrée de près dans le château, elle se considérait comme perdue, et cette audacieuse aventure, d'ailleurs mal préparée par ses auteurs, semblait sur le point de réussir, lorsqu'elle s'effondra tout à coup dans le plus lamentable désastre. Dans la nuit du 31 juillet au 1ᵉʳ août, le roi Jean, survenant à la tête d'une armée de routiers, tombe à l'improviste sur les assiégeants qu'il fait tous prisonniers.

Savary de Mauléon partagea le sort de ses compagnons d'armes. Il fut même traité plus durement que quelques-uns d'entre eux. Jeté dans les affreux cachots du château de Corff en Angleterre, il en vit bientôt vingt-deux périr du supplice de la faim. La perspective d'une mort si atroce ou d'une captivité dont rien ne faisait présager le terme lui inspira un acte de désespoir et d'audace admirable. Profitant un jour de l'ivresse fortuite ou provoquée de ses geôliers, il saisit une hache, les massacra, puis de concert avec Aimeri de Fors et quelques compagnons de captivité, Poitevins comme lui, il se rendit maître du château. Une énergie si peu commune, après avoir d'abord excité la colère du roi Jean, ne tarda pas à lui suggérer un tout autre sentiment. Sur l'avis d'un sage conseiller, il réfléchit qu'un chevalier jeune, riche et vaillant comme Savary, pouvait lui rendre les plus éminents services en Poitou, où ses affaires allaient assez mal en ce moment. Il le fit donc conduire à Verneuil en Normandie, au mois d'août 1203, ainsi que son compagnon Aimeri de Fors. Des négociations entamées entre eux, en janvier 1204, amenèrent enfin la délivrance de Savary et son entrée au service de Jean-sans-Terre, avant le mois d'août suivant. Mais le roi exigea, comme garantie de fidélité, qu'il lui remit sa mère et sa femme en otages. Ces précautions prises, il le renvoya en Poitou avec le titre de sénéchal et lui restitua ses biens confisqués.

Savary de Mauléon trouva le Poitou dans une situation bien différente de celle où il l'avait laissé lors de sa mésaventure de Mirebeau. La cause du roi d'Angleterre y était fort compromise. La reine Aliénor avait cessé de vivre. Le roi de France, Philippe-Auguste, avait conquis une bonne partie de la province, reçu la soumission des villes de Poitiers et de Niort, dont il avait augmenté les privilèges et rallié à son autorité beaucoup de grands seigneurs parmi lesquels Guillaume de Mauléon, l'oncle même de Savary, qui y persista. Les conjonctures ne semblaient point favorables pour regagner le terrain perdu. Le roi Jean-sans-Terre était tombé dans le mépris. Le fils du fameux troubadour Bertrand de Born, troubadour lui-même, adjurait Savary de Mauléon de l'abandonner : « Savary, tout roi couard ne peut faire rien de grand ; on ne saurait s'attacher à un homme fainéant et sans cœur. » Néanmoins, l'ancien prisonnier du Corff, devenu sénéchal de Poitou, brûlait du désir de témoigner à Jean-sans-Terre, par un acte éclatant, la grandeur de sa reconnaissance et le zèle dont il était animé. De La Rochelle, ville demeurée au pouvoir de l'Angleterre et où vraisemblablement il résidait en ce moment, il médita une entreprise hardie dont la réussite devait mettre en lumière les ressources de son esprit et faire apprécier l'utilité de ses services. Le dessein conçu par Savary n'était rien moins que la reprise de la ville de Niort. Pour le mettre à exécution, il eut recours à une ruse véritablement ingénieuse.

Les Niortais avaient tous les ans l'habitude, le 1ᵉʳ jour de mai, d'aller en grand nombre dans un bois situé à une lieue de la ville, cueillir des branches fleuries d'aubépine ou *mai*, suivant la dénomination vulgaire dès lors admise, qu'ils rapportaient ensuite dans leurs maisons. Savary connaissait cet usage, reste probable de quelque vieille pratique païenne. La nuit du 30 avril au 1ᵉʳ mai 1205, il vint se cacher avec une troupe d'élite entre le bois et la ville. Les bourgeois niortais étant arrivés au bois pour faire leur cueillette, il se dirigea vers la ville avec ses hommes, portant chacun une ou plusieurs branches de mai. En voyant avancer cette forêt ambulante, les gardiens des portes ne conçurent pas le moindre soupçon. Pas de doute, c'étaient leurs concitoyens qui revenaient. Lorsque leur illusion se dissipa tout à coup, il était trop tard. Savary, maître d'une porte, pénétra rapidement dans la ville, courut au château qu'il trouva dégarni et s'en empara. Puis marchant au devant des bourgeois qui rentraient du bois, sans armes et sans aucune défiance, il les fit tous prisonniers. Mais il eut bien soin de ne pas les maltraiter. Il exigea d'eux simplement des otages et le serment de fidélité au roi d'Angleterre. Leur ville passa donc sans effort, grâce au stratagème de Savary, sous le pouvoir de Jean-sans-Terre, moins d'une année après avoir été conquise sans plus de violence par les lieutenants de Philippe-Auguste. Le sénéchal de Poitou avait fait là un véritable coup de maître. Il s'agissait maintenant pour lui de défendre sa conquête.

La nouvelle de la surprise de Niort amena devant ses murs la plupart des grands seigneurs poitevins récemment ralliés de gré ou de force au roi de France. Le devoir féodal leur imposait l'obligation de reprendre pour son compte cette place importante. Leur armée, dans les rangs de laquelle on voyait Hugues et Geoffroi de Lusignan, le vicomte de Thouars, Hugues de Surgères, Guillaume de Mauléon l'oncle de Savary, les seigneurs de Parthenay et de Bressuire, etc., entreprit donc le siège de Niort. Mais il n'était pas facile de prendre de vive force un donjon de cette importance, œuvre remarquable du xiie siècle, défendu par un homme aussi énergique que Savary de Mauléon. Le siège tira en longueur. De petits combats insignifiants se livraient dans les faubourgs. Un jour Savary, luttant contre Hugues de Surgères, le désarçonna et rentra dans la ville. Pendant ce temps-là, Philippe-Auguste, qui assiégeait Chinon, ne pouvant secourir ses partisans devant Niort, ceux-ci se découragèrent et, abandonnant leur entreprise, allèrent le rejoindre dans son camp. Chinon venait de succomber. Les seigneurs poitevins ne trouvèrent près du roi qu'un accueil assez froid. Philippe-Auguste soupçonnait, non sans motif peut-être, la mollesse de leurs efforts. C'était un échec qu'il était politique d'accepter pour le moment. Savary de Mauléon triomphait.

Jean-sans-Terre ne pouvait se dispenser d'apporter sa puissante coopération à l'œuvre si bien commencée par son serviteur. En 1206 il débarqua à La Rochelle à la tête d'une armée. Beaucoup de seigneurs travaillés par Savary se rallièrent à lui. Il parcourt alors, le plus souvent en compagnie de Savary, la partie du Poitou demeurée anglaise et la Saintonge jusqu'en Bordelais. Le 19 juin, à Niort, désormais certain du dévouement de son sénéchal, il ordonne la mise en liberté de sa mère et de son épouse, encore prisonnières comme otages en Angleterre, et il enjoint à ses officiers de les faire conduire à La Rochelle. Puis il entre en campagne contre le roi de France, pénètre en Anjou, s'empare d'Angers qu'il livre au pillage le 5 septembre et ravage également toute la contrée circonvoisine. Mais apprenant l'approche du roi Philippe-Auguste accouru à Chinon pour s'opposer à ses progrès, Jean-sans-Terre confie la garde d'Angers à Savary de Mauléon et bat en retraite vers le Poitou. Savary ne tarde pas à le rejoindre. Le roi de France, qui cherchait évidemment à leur couper le passage, saccageait les terres du vicomte de Thouars. Après diverses manœuvres des deux armées autour de cette place, où Jean-sans-Terre s'était réfugié du 3 au 8 octobre, une trêve, dans laquelle était compris le vicomte, y fut conclue le 26 octobre. Savary de Mauléon s'engagea à la faire observer au nom du roi d'Angleterre, tandis que son oncle Guillaume prenait le même engagement au nom du roi de France. Jean-sans-Terre n'avait pas réussi dans sa tentative. Il n'avait plus qu'à regagner l'Angleterre. Avant de quitter La Rochelle, le 4 novembre 1206, il chargea Savary de Mauléon de recevoir les hommages des vassaux du comté d'Angoulême, propriété de la reine, et lui confia en général la défense des sénéchaussées de Poitou et de Gascogne.

Ce n'était pas une facile besogne. Malgré l'envoi d'un subside de 5.000 marcs d'argent, malgré les précautions de toutes sortes, Savary ne put s'opposer efficacement à une nouvelle attaque de Philippe-Auguste, en 1207. En vain le vicomte de Thouars menacé implora-t-il son secours, il fallut l'abandonner à la vengeance du roi, aussi bien que le seigneur de Parthenay, qui succomba à son tour.

L'année suivante, 1208, il prit hardiment l'offensive et poussa une pointe vigoureuse en Anjou pour y opérer une razzia, à la tête d'une petite troupe de chevaliers poitevins, où figurait encore le vicomte de Thouars. Mais au moment où ils rentraient dans leur pays, chargés de butin, ils furent subitement attaqués par trois cents hommes d'armes aux ordres de Guillaume des Roches, sénéchal d'Anjou, et du maréchal Henri-Clément, l'un des lieutenants les plus habiles de Philippe-Auguste. Le combat, engagé dans un gué marécageux que traversaient les Poitevins, fut soutenu avec sang-froid par Savary. Néanmoins il fallut céder au nombre et prendre la fuite, laissant entre les mains des Français cinquante-deux chevaliers, notamment un frère et un fils du vicomte de Thouars, et le seigneur de Mauzé qui furent envoyés captifs à Paris.

Pendant que Jean-sans-Terre, toujours plein de confiance dans la fidélité de son sénéchal, lui accordait des subsides (sept. 1208), lui concédait le droit de battre monnaie (1209) et enjoignait à tous ses sujets de Poitou et de Gascogne de lui obéir (7 avril 1209), Philippe-Auguste, comprenant la valeur d'un pareil homme, cherchait à l'ébranler et à l'attirer à son service. Savary de Mauléon prêta l'oreille à ses propositions. Des négociations secrètes, engagées peut-être par son oncle Guillaume, que le roi était venu trouver à Mauléon au mois de mai 1208, amenèrent un traité, ou plutôt un projet de traité, arrêté à Saint-Germain-en-Laye, à une époque non déterminée mais que l'on place en 1209. Savary se soumettait au roi de France et s'engageait à combattre Jean-sans-Terre. Le roi lui fournirait pour une certaine période cent chevaliers et cent sergents à cheval soldés par son trésor. Il lui donnerait La Rochelle en fief s'il pouvait l'enlever à l'Angleterre. Les Lusignan et Guillaume de Mauléon devaient se porter cautions pour Savary. Tout porte à croire que cette convention demeura à l'état de projet, car Savary ne consomma pas sa trahison, du moins pour le moment.

Nous le voyons, en effet bientôt, en 1211, partir pour le Languedoc, où son maître le roi d'Angleterre l'envoyait au secours de Raymond VI, comte de Toulouse, menacé par la croisade contre les Albigeois. Savary, à la tête d'un contingent de chevaliers et aventuriers poitevins, saintongeois et gascons, rallia l'armée toulousaine devant Castelnaudary qu'elle assiégeait. Pendant que le redoutable Simon de Montfort, chef de la croisade, lui livrait bataille dans le but de dégager les assiégés, le sénéchal de Poitou tenta l'assaut du château pour opérer une diversion. Mais il échoua et l'armée toulousaine ayant été mise en pleine déroute, il eut du moins le mérite par son sang-froid de maintenir un peu d'ordre dans la retraite. L'excommunication que lui valut son intervention dans cette guerre, où il ne s'était engagé que sur l'ordre de son souverain, ne tarda pas à le faire réfléchir. Il abandonna donc le comte de Toulouse, auquel il n'oublia pas toutefois de réclamer le prix de ses services. Celui-ci ayant refusé, Savary de Mauléon, sans le moindre scrupule, s'empara de la personne de son jeune fils et se retira à Bordeaux. Possesseur d'un gage si précieux, il était en mesure d'exiger tout ce qu'il désirait. Le comte vint, en effet, le trouver et n'en obtint la remise de son fils que moyennant une somme de 10.000 livres qui, sous l'apparence de rémunération, n'était au fond qu'une rançon déloyale. Ce fait dénote chez notre chevalier une ardente cupidité que d'autres actes achèveront de démontrer. S'il est vrai que ses services fussent utiles à celui qui les obtenait, il les appréciait encore plus haut et savait surtout en exiger le paiement.

Jean-sans-Terre se montra très irrité du mauvais procédé de Savary envers le comte de Toulouse. C'est probablement pour ce motif qu'il lui enleva la sénéchaussée de Poitou et la donna à Yvon de la Jaille en 1212. Savary était de retour dans ses terres. Le 28 juin 1212, nous le trouvons dans son château de Pouzauges, faisant une donation à l'abbaye de l'Absie. Disgrâcié par Jean-sans-Terre, il jugea le moment opportun d'opérer une conversion vers Philippe-Auguste. Ce monarque reçut son serment dans l'assemblée de Soissons, au mois d'avril 1213, et, comme il préparait en ce moment sur les côtes de Boulonnais une flotte destinée à faire une descente en Angleterre, il lui en confia le commandement. Versé dans l'art nautique, Savary qui avait amené un précieux contingent de vaisseaux et de marins poitevins, pouvait rendre les plus grands services. Après deux stations à Calais et à Gravelines, la flotte reçut tout à coup l'ordre de cingler vers la Flandre, que Philippe-Auguste envahissait en même temps avec une armée. Elle pénètre dans le port de Dam, à la fin de mai. De même que toutes les riches cités flamandes, ce port regorgeait de marchandises apportées là, comme dans un entrepôt, par le commerce des contrées les plus lointaines. L'avide corsaire poitevin ne peut résister à l'appât de tant de richesses. Il y a là une fortune facile à faire; il n'hésite pas, pour se l'approprier, à fouler aux pieds les lois les plus élémentaires de la guerre, de la justice et de la prudence. De concert avec Cadoc, chef des routiers de Philippe, il se jette sur la ville qu'il livre au pillage le plus effréné. L'arrivée de la flotte anglaise de Salisbury qui, le 30 mai, captura ou détruisit quatre cents navires français, à l'entrée du port de Dam, faillit leur faire perdre tout le fruit de leurs rapines. Bientôt la ville est attaquée. Mais les Poitevins, plus préoccupés de la conservation des dépouilles arrachées par eux aux malheureux habitants, ne songent nullement à concourir à la défense. Philippe-Auguste accourt enfin de Gand, à marches forcées, et met en fuite Anglais et Flamands; puis, il fait décharger le reste de sa flotte, la livre aux flammes, ainsi que la ville de Dam, et rentre en France où il licencie son armée.

Le mécontentement que la conduite inqualifiable de Savary de Mauléon dut nécessairement causer à Philippe-Auguste le disposa peu à peu à un revirement politique. Rentré en Poitou, où presque tous les seigneurs étaient dévoués au roi Jean, il reçut de celui-ci, le 22 août 1213, une lettre accréditant près de lui son chambellan Geoffroi de Neuville et Philippe d'Aubigny chargés de négocier sa réconciliation de concert avec les bourgeois de La Rochelle. La mort de son oncle, Guillaume de Mauléon, partisan de la France, seule influence capable de le retenir, précipita sans nul doute sa détermination (16 octobre 1213). Sa puissance territoriale était doublée. Ses intérêts le portaient donc invinciblement à embrasser la cause de la puissante coalition formée contre Philippe-Auguste. Aussi, lorsque le roi Jean débarqua à La Rochelle, au commencement de l'année 1214, trouva-t-il son ancien serviteur tout disposé à rentrer à son service. Ce fut au château de Milescu en Aunis qu'il reçut sa soumission, au mois de mars 1214. Il le comble alors de nombreux bienfaits. Le 25 mars, il lui concède les droits de minage de Niort. Le 22 septembre il lui confirme le droit de battre monnaie et donne cours à cette monnaie dans toute l'étendue de l'Aquitaine. Savary de Mauléon rendit un éminent service au roi Jean en négociant sa réconciliation avec les Lusignan. Son nom figure au bas de cet important traité, signé à Parthenay au mois de mai 1214, traité qui le délivra d'un grand souci et lui rallia une foule de partisans. Il l'accompagna ensuite dans sa campagne d'Anjou contre le prince Louis, fils de Philippe-Auguste. Mais le succès si bien préparé ne couronna point leurs espérances. Battu à la Roche-aux-Moines (juin) pendant que la coalition tombait terrassée à Bouvines (juillet), Jean-sans-Terre, refoulé en Poitou et en Aunis, se vit bientôt obligé de signer avec le roi de France une trêve de cinq ans, jurée par Savary et dans laquelle les seigneurs poitevins ses partisans furent autorisés à se faire comprendre (septembre). L'Angleterre était vaincue, mais elle conservait le Poitou, à l'exception de Poitiers et du haut Poitou, qui depuis 1204 n'avaient point été entamés. La poire n'était pas mûre. Il fallait attendre encore dix ans avant qu'il fût possible à la France de la détacher.

La carrière des combats semblait dès lors fermée pour Savary. Mais la guerre civile qui éclata entre Jean-sans-Terre et la féodalité anglaise lui fournit l'occasion de faire briller de nouveau ses talents militaires. A vrai dire, l'appât du gain fut très probablement le principal attrait qui l'attira dans cette lutte étrangère, car le roi payait généreusement les mercenaires qu'il employait contre ses sujets. Savary partit donc pour l'Angleterre, en 1215, à la tête de chevaliers et de soldats d'aventure recrutés dans les provinces de l'ouest. Nous ne le suivrons pas dans les péripéties de cette guerre. S'il y gagna beaucoup de biens, s'il se signala aussi trop souvent par des pillages et des massacres, en revanche il s'honora par un trait de générosité et d'indépendance. Lors de la prise de Rochester sur l'armée des barons, le roi Jean, dans sa fureur, voulait faire pendre tous les défenseurs. Savary poussé par un double sentiment de politique et d'humanité s'opposa de toutes ses forces à cette barbare exécution et réussit à sauver la plupart des prisonniers (30 novembre 1215). Il se distingua d'ailleurs en toutes circonstances par son dévouement, qui faillit lui coûter cher, car il fut blessé grièvement dans un combat livré aux habitants de Londres (1216). La mort de Jean-sans-Terre lui rendit sa liberté (18 octobre 1216). Avant de quitter l'Angleterre, à Bristol, dont il avait le commandement militaire, il fut un de ceux qui conseillèrent prudemment au nouveau roi Henri III la concession aux barons de la grande charte de libertés (12 novembre 1216). Ainsi, par un concours de circonstances extraordinaires, notre illustre Poitevin participa à l'octroi, peut-être même à la confection de cet acte fameux, base première et point de départ du droit public de l'Angleterre.

De retour dans ses domaines du Poitou, Savary y demeura durant les années 1217 et 1218. C'est alors qu'il résolut d'entreprendre le pèlerinage de la Terre-Sainte. Tout bon chevalier n'était-il pas tenu moralement de porter les armes, au moins une fois dans sa vie, pour la défense des chrétiens d'Orient ? Savary n'oublia point ce devoir religieux. Dès l'année 1217, il prit la croix et se prépara au voyage en mettant ordre avant tout aux affaires de sa conscience. Le prieuré de Saint-Lambert près Mauléon (1217), l'abbaye de Sainte-Croix de Talmond, celle de Boisgrolland, l'église

Saint-Nicolas de la Chaume (1218), l'aumônerie d'Olonne (1218), le prieuré de Fontaines, l'abbaye des Fontenelles (1218) furent l'objet de ses libéralités et aussi de ses restitutions, car ces grands seigneurs du moyen-âge, malgré la vivacité de leur foi, se montraient souvent fort rudes envers le clergé. Il s'occupa ensuite de réunir toutes les ressources nécessaires en argent et en hommes. Le pape Honorius III lui avait accordé, ainsi qu'aux autres croisés poitevins, le vingtième des revenus ecclésiastiques du diocèse de Poitiers. Savary emprunta en outre trois mille livres tournois à un Rochelais, Geoffroy de Mailli, auquel il donna en gage ses seigneuries de l'île de Ré, de Châtelaillon et de Benon. Hugues de Lusignan, Olivier de Clisson, Sébrand Chabot, le seigneur de Mauzé et de Marans, Hugues et Eustache de Mairé et une foule de Poitevins de toutes conditions devaient l'accompagner, sans compter les autres croisés de France et d'Angleterre. Savary se rendit d'abord à Rome avec ses compagnons, au mois de juillet 1219. Puis, les croisés italiens s'étant joints à lui, une flotte génoise de quatorze galères, dont trois placées sous ses ordres immédiats, nolisées probablement à Gênes et lui appartenant, transporta l'armée en Égypte, devant Damiette assiégée depuis plus d'un an par le roi de Jérusalem. Il n'était que temps. Les chrétiens découragés désespéraient du succès. L'arrivée de la flotte de Savary changea subitement la situation. Grâce à son puissant concours, Damiette, attaquée de nouveau, fut emportée d'assaut sur les musulmans, le 5 novembre 1219.

Combien de temps Savary demeura-t-il en Orient? On l'ignore. Lorsqu'il reparut en Poitou, il trouva le pays profondément troublé. De graves dissentiments avaient éclaté entre le roi d'Angleterre et Hugues de Lusignan, fils de celui qui avait péri à Damiette, devenu l'époux de la reine Isabelle d'Angoulême, veuve de Jean-sans-Terre (mai 1220). D'autres seigneurs, Hugues de Thouars, le seigneur de Parthenay, Guillaume Maingot seigneur de Surgères, se prétendant créanciers du roi, ou simplement désireux de lui arracher quelques concessions, ne montraient pas moins de mécontentement. Pour assouvir leur vengeance, ils ne trouvèrent rien de mieux que de se livrer à d'infâmes brigandages contre les bourgeois de Niort, de Saint-Jean-d'Angély, de La Rochelle, sujets directs de la couronne d'Angleterre. Tout le territoire de ces villes riches et commerçantes était parcouru par des troupes de bandits agissant par leurs ordres et souvent même sous leur direction. Sortant de leurs châteaux comme de repaires inaccessibles, ils ravageaient sans pitié les campagnes, coupaient les arbres et les vignes, emportaient ou gâtaient les moissons. Les voyageurs et les marchands étaient rançonnés, quelquefois même massacrés. En dehors des murailles des villes, point de sécurité. Rien de plus lamentable ni de plus curieux à la fois que les plaintes répétées, adressées par les bourgeois de Niort et de La Rochelle à Henri III contre ces procédés odieux, qui étaient d'ailleurs dans les habitudes des seigneurs de cette époque. « Envoyez-nous un sénéchal énergique, capable de nous protéger, s'écrient les Niortais, mais surtout pas de sénéchal poitevin ; donnez-nous un sénéchal anglais qui ne craigne pas de faire bonne et raide justice. »

Henri III qui redoutait d'indisposer les barons poitevins, surtout Hugues de Lusignan, ne savait quelle mesure prendre. Le sénéchal actuel, Geoffroi de Neuville, était faible et impuissant (1220). Philippe de Ulcot et Hugues de Vivonne, qu'il nomma successivement, ne remédièrent pas mieux à la situation. Mais une autorité plus écoutée que la sienne, celle de l'Église, avait entendu les cris des victimes. Le pape, averti par l'évêque de Saintes, protecteur et ami des Rochelais, et par Henri III lui-même, fulmina l'excommunication et l'interdit contre Hugues de Lusignan et ses complices (25 septembre 1220). Il n'en fallut pas davantage pour mettre fin à leurs excès. Tous ces chevaliers du moyen-âge, ces hommes de fer qui ne craignaient rien, s'inclinaient presque sans murmure devant l'excommunication. S'il est vrai qu'on ait abusé dans la suite de cette arme spirituelle, il n'en est pas moins certain qu'à cette époque de violences elle constituait la sauvegarde la plus efficace des faibles et des opprimés contre la tyrannie ou les injustices des puissants. Le roi d'Angleterre, après quelques hésitations, se décida enfin à confier la sénéchaussée de Poitou et de Gascogne à Savary de Mauléon (1222).

C'était un heureux choix, car il avait naguère fait ses preuves dans les mêmes fonctions sous le roi Jean. Revenu d'Orient en 1221, Savary devait se trouver, lors de sa nomination, dans sa seigneurie de Fontenay, aux vassaux de laquelle il venait d'abandonner ses droits de morte-main (juillet 1222). Il partit presqu'aussitôt pour l'Angleterre afin de se concerter avec le roi sur les difficultés de la situation. Parmi les nombreuses mesures que lui prescrivit Henri III, il en est une digne d'une mention spéciale, parce qu'elle fut prise à sa requête et qu'elle fait le plus grand honneur à son intelligence. Marin consommé, familiarisé depuis l'enfance avec la navigation le long des rivages du Poitou et de l'Aunis, il avait compris l'utilité de la création d'un nouveau port à La Rochelle. Henri III, sur son conseil, décréta cette grande œuvre, le 4 décembre 1222, et, pour couvrir les dé penses, imposa sur chaque navire entrant à La Rochelle une taxe proportionnelle dont le maire était chargé d'opérer la perception. Le nouveau port devait occuper l'emplacement qui s'étendait depuis les moulins du Perrot, appartenant aux Templiers sur le canal de la Verdière, jusqu'au pont Rambaud et au château de La Rochelle en dehors de l'enceinte. Les événements ne permirent pas à Savary de mettre son projet à exécution. Il était réservé à notre siècle de le réaliser dans des proportions grandioses, conformes aux immenses progrès de la navigation.

L'élévation de Savary à la dignité de sénéchal et la vigueur de son administration suscitèrent la jalousie et la colère de Hugues de Lusignan. Le puissant comte de la Marche, l'époux de la mère de Henri III, se plaignit à son beau-fils avec la plus grande vivacité de la dureté du nouveau sénéchal, menaçant de quitter son service si satisfaction ne lui était pas accordée. Ce qu'il désirait c'était la destitution de Savary et son remplacement par le faible Geoffroi de Neuville qui l'aurait laissé régner seul en maître souverain dans toute la province. Henri III ne pouvait abandonner le fidèle Savary. Il y avait là une alternative aussi dangereuse qu'inévitable, une situation extrêmement délicate qui produisit la crise finale.

Le nouveau roi de France, Louis VIII, avait bien compris le parti favorable qu'il pouvait retirer des dissensions survenues entre son ennemi d'Angleterre et les barons poitevins. Hugues de Lusignan aveuglé par son orgueil s'était laissé gagner. La trêve expirait, l'occasion était tout à fait favorable. Louis VIII en profita. Au mois de juin 1224, il envahit le Poitou par Montreuil-Bellay et Thouars, à la tête d'une bonne armée dirigée par son connétable Mathieu de

Montmorency. Après s'être assuré de la neutralité du vicomte de Thouars, il marcha sur Niort qu'il investit le 3 juillet. Retranché avec une fidèle garnison dans ce puissant donjon, toujours debout depuis six siècles, Savary de Mauléon opposa d'abord une vigoureuse résistance. Mais en présence d'une armée bien organisée, bien pourvue de machines et décidée à vaincre, il crut inutile de la prolonger au-delà de quelques jours. D'ailleurs les bourgeois se montraient disposés à se rendre. Le roi lui accorda une capitulation honorable, lui permettant de se retirer à La Rochelle avec ses troupes sans être inquiété.

L'armée royale, ayant laissé une garnison dans le château de Niort, se dirigea sur Saint-Jean-d'Angély qui se rendit sans coup férir. Puis elle alla mettre le siège devant La Rochelle, le 15 juillet. Elle y trouva encore pour adversaire Savary de Mauléon. Mais cette fois le sénéchal avait à sa disposition des moyens plus sérieux de résistance. Trois cents chevaliers, dont cent Anglais, de nombreux sergents, quatre cents Bayonnais et la population rochelaise composée en partie de marins courageux, dévouée à l'Angleterre, combattaient sous ses ordres. Les assiégeants dressèrent leurs machines et se mirent à battre les murailles. Mais la vigueur de la défense fut égale à celle de l'attaque. L'importance de la lutte pour le roi de France n'était pas douteuse. Si La Rochelle ne succombait pas, la conquête du Poitou se trouvait absolument compromise. On le sentait bien à Paris, où la reine faisait faire des processions et des prières publiques pour le succès des armes royales. Si des secours eussent été envoyés d'Angleterre, l'issue du siège fût devenue très douteuse. Henri III, obligé de tenir tête à ses barons rebelles, ne put rien envoyer, si ce n'est de l'argent qu'on attendait avec impatience. Mais au lieu d'argent on ne trouva dans les coffres que des pierres et du son. Cette amère plaisanterie, qui ne devait être au fond que le résultat d'un vol pratiqué pendant le trajet et dont fut accusé plus tard un seigneur anglais, sema parmi les assiégés le trouble, l'irritation et le découragement. La division éclata entre les Anglais et les Poitevins de la garnison. Les bourgeois se sentant abandonnés écoutèrent les propositions du roi de France. Des présents distribués à propos et la promesse du maintien de leurs privilèges les disposèrent bien en sa faveur. Enfin, le 3 août 1224, ils traitèrent avec lui et l'introduisirent dans leurs murs. Savary de Mauléon et les hommes de la garnison reçurent des saufs-conduits et s'embarquèrent pour l'Angleterre. Les Bayonnais remontèrent fort mécontents sur leurs navires pour retourner dans leur pays. Louis VIII, satisfait de sa victoire, ne marchanda pas les concessions aux Rochelais. En retour, il reçut, le 12 août, leurs serments de fidélité. On possède encore le très précieux rôle contenant les noms des 1800 bourgeois qui s'acquittèrent de ce devoir.

Savary, on le pense bien, se montrait moins satisfait. Les Anglais et les Bayonnais l'accusaient de trahison. N'est-ce pas là le reproche ordinaire, quoique souvent immérité, dont on accable les généraux vaincus? Les passions humaines se reproduisent de la même manière dans tous les temps. Innocent ou coupable, Savary comprenait le danger d'une semblable accusation. Il avait à peine pris la mer qu'il s'aperçut des projets hostiles des Anglais. On méditait de s'emparer de sa personne et de lui faire payer cher sa trahison ou sa prétendue trahison. Le souvenir des cachots du Corff dut alors hanter son esprit. Les vaisseaux passaient en vue des côtes poitevines dont il était seigneur. Au lieu de continuer sa route en Angleterre et au risque de passer pour traître, il vira de bord et prit terre au port d'Olonne. C'est ce qui explique sa présence en ce lieu, signalée par une donation en faveur de Notre-Dame-du-Bourgeret, du mois de septembre 1224.

Désormais Savary n'avait plus qu'un parti à prendre, se soumettre au roi de France. C'est ce qu'il fit. Louis VIII reçut son serment et lui confia la défense des îles et des côtes de l'Aunis et du Poitou (Noël 1224). Il l'entraîna même à sa suite dans la guerre contre les Albigeois et le comte de Toulouse pour lesquels il avait autrefois combattu (janvier 1226). Durant toute l'expédition du Languedoc, Savary fit honneur à ses engagements. Mais après la mort *prématurée* de Louis VIII (8 novembre 1226), il se considéra comme dégagé de sa parole. Aussitôt, et de concert avec les autres barons poitevins, il s'empressa d'offrir sa soumission et ses services au roi d'Angleterre. Les sympathies et les intérêts de la féodalité de l'ouest la ramenaient toujours invinciblement dans cette voie. Ils commencèrent donc les hostilités en Poitou et en Aunis, se livrant sans retenue aux brigandages sur terre et à la piraterie sur mer. Ils appelèrent à leur secours le comte Richard, frère de Henri III. Leur but était de reconquérir le Poitou et surtout La Rochelle, aux habitants de laquelle Savary en voulait tout particulièrement depuis son échec au siège de 1224. Tout semblait les favoriser. La royauté capétienne, engagée dans les embarras d'une régence, pressée de toutes parts par les exigences d'une ligue formidable des grands vassaux qui cherchait à arrêter ses progrès, se voyait dans l'obligation de se tenir prudemment sur la défensive. Le roi d'Angleterre prodiguait les dons et les promesses à Hugues de Lusignan, au vicomte de Thouars, et à tous ses partisans du Poitou (déc. 1226). Mais la régente Blanche de Castille, douée d'un grand sens politique et d'une habileté consommée, était de taille à tenir tête à l'orage. Elle s'avança avec le jeune roi Louis IX et une armée jusqu'à Loudun, tout en négociant avec le duc de Bretagne et Hugues de Lusignan, comte de la Marche (fin de février 1227). Les confédérés poitevins dirigés par Savary de Mauléon et le comte Richard se tenaient à Thouars. Des conférences s'ouvrirent entre eux et le gouvernement, à Curçay. Les comtes de Champagne et de Bar se laissèrent gagner par l'habile régente, sans rompre toutefois avec les confédérés. Savary et le comte Richard soupçonnèrent ce double jeu. Las d'attendre l'issue des négociations qui se prolongeaient sans résultats, ils essayèrent de mettre la main sur les deux traîtres. Mais les comtes de Champagne et de Bar, dont la défiance était en éveil, se tenaient en dehors des murs de Thouars. Flairant un piège, ils purent s'échapper et allèrent se soumettre au roi. Le duc de Bretagne et Hugues de Lusignan les ayant bientôt imités (16 mars 1227), Savary de Mauléon se vit contraint de conclure une trêve avec le roi, dont il obtint du reste des conditions avantageuses (22 mars 1227).

Les espérances des mécontents s'évanouissaient aussi vite qu'elles avaient pris naissance. La ligue féodale était vaincue sans combat. Mais elle n'était pas encore morte. Savary était un de ceux qui subissaient la défaite avec le plus d'impatience. Une anecdote montrera jusqu'à quel point il haïssait le joug du roi de France. Une contestation très vive avait éclaté entre lui et le seigneur de Mauzé, à l'occasion d'un hôpital fondé par ce dernier, sans son autorisation, dans les bois de Poulias dépendant de la seigneurie de Benon en Aunis. Savary, poussé par sa violence ordinaire, aurait fait raser l'hôpital sans l'intervention de l'évêque de Saintes. Un jour, en 1229, pendant les négociations qui amenèrent une transaction entre les parties, le sénéchal de Poitou, Thibaud de Blazon, s'était transporté à Poulias pour s'occuper de l'affaire. Savary, qui était seigneur de Benon, y vint également dans un appareil belliqueux. Mille hommes l'accompagnaient. Quand il aperçut le sénéchal, il lui lança cette apostrophe insolente : « Si le roi de France fait saisir ma terre, il ne pourra pas du moins m'enlever la mer. » La puissance et les instincts du vieux pirate se révèlent tout entiers dans cette bravade pleine de colère et aussi d'une certaine vérité. C'est qu'en effet, lorsqu'il était monté sur ses navires, nulle autorité ne pouvait l'atteindre.

Une nouvelle tentative du roi Henri III pour ressaisir le Poitou, en 1230, le trouva tout disposé à reprendre les armes. Le roi d'Angleterre, appelé par le comte de Bretagne révolté contre Louis IX, débarqua, en effet, le 3 mai, à Saint-Malo. Le 16 mai, il mandait à Savary de Mauléon et à ses vassaux de courir sus et de causer tout le mal possible à ses ennemis, en particulier aux Rochelais, auxquels on ne pardonnait pas leur récente fidélité à la France. C'étaient de véritables lettres de marque dont Savary s'empressa avidement de profiter tant sur terre que sur mer. Mais le roi Louis IX paralysa les mouvements des alliés par sa marche rapide sur Ancenis, Oudon et Clisson. Il gagna les barons bretons, traita avec Hugues de Lusignan et le **vicomte de Thouars (mai-juin)**, puis s'avança en Poitou jusqu'à Saint-Maixent, où il confirma les privilèges de Niort (juillet). Henri III, abandonné de presque tous ses partisans, excepté de Savary et de quelques autres, traversa toutefois le Poitou et alla jusqu'à l'extrémité de la Saintonge (juillet-août). Cette promenade militaire ne lui rapporta rien. Une trêve, qu'il fut obligé de conclure avec le roi de France, par l'intermédiaire de Hugues de Lusignan, et qu'il enjoignit à Savary d'observer (17 août), lui permit de revenir en Bretagne (23 septembre), d'où il regagna l'Angleterre.

Le rôle politique de Savary de Mauléon est dès lors terminé. Durant les deux dernières années de sa vie, le silence se fait autour de son nom. On ne le rencontre plus que dans quelques actes de donations en faveur des abbayes ou églises de ses domaines. L'une de ses dernières libéralités, faite au profit de l'abbaye de Luçon, fut scellée, au mois de mai 1233, à Fontenay dont il était seigneur. Deux mois après, le 29 juillet, il expirait. Les moines de Saint-Michel-en-l'Herm lui donnèrent la sépulture dans leur église, en face de ce vaste océan sur lequel il avait exercé si longtemps son empire.

Le temps nous manque pour vous montrer en Savary le troubadour, l'auteur de poésies amoureuses en langue romane, le chevalier galant, celui que son confrère, le troubadour Hugues de Saint-Cyr, appelait le maître des braves et le chef de toute courtoisie. Si maintenant nous voulions porter un jugement sur l'homme politique sans nous dépouiller de nos idées modernes, il manquerait certainement d'équité. Savary, nous l'avons dit, a été en Poitou le grand adversaire de la monarchie française et de l'unité nationale. Il ne faut pas pour cela être trop sévère à son égard. La conception d'une grande patrie française n'était pas encore née au xiiiᵉ siècle; sa manifestation ne devait commencer que beaucoup plus tard, pendant la guerre de cent ans. Seuls les rois capétiens l'avaient entrevue et travaillaient déjà à sa formation avec une intelligence et une persévérance dignes d'admiration. Mais, pour Savary et ses contemporains, la patrie c'était le Poitou, ou mieux encore le domaine de chaque baron. Le meilleur gouvernement, c'était l'indépendance, que le lien de la hiérarchie féodale tempérait tout en la consolidant. Le Français, l'homme d'au-delà de la Loire, comme le disaient encore en 1242 les barons révoltés pour la dernière fois, voilà l'ennemi, voilà le maître étranger dont il faut secouer le joug. Quant aux rois Plantagenets, s'ils étaient moins détestés de la féodalité poitevine, c'est qu'ils menaçaient moins son indépendance. La conduite de Savary ne doit donc pas trop nous surprendre, ni surtout nous indigner. Il était de son temps et de sa caste. Si l'on ne doit pas regretter sa défaite, on peut jusqu'à un certain point l'admirer, car il fut toujours brave et même persistant, malgré les changements que la nécessité lui imposa. Mais tout en rendant à Savary la justice qui lui est due, nous n'en devons pas moins saluer et bénir le triomphe de la monarchie qui, par la réunion du Poitou et l'abaissement des tyrannies locales, avança l'œuvre de l'unité française, de l'affranchissement et du développement du tiers-état, son protégé et en même temps son utile auxiliaire dans cette grande lutte.

Poitiers. — Imp. Blais, Roy et Cie, rue Victor-Hugo, 7.

Extrait des Mémoires de la *Société des Antiquaires de l'Ouest*
(tome XIII, année 1890).

Original en couleur

NF Z 43-120-8

www.ingramcontent.com/pod-product-compliance
Lightning Source LLC
Chambersburg PA
CBHW060927050426
42453CB00010B/1881